BEI GRIN MACHT SICH IHR
WISSEN BEZAHLT

Auf welche Weise und unter welchen Bedingungen können Menschen und künstliche Intelligenz in der Produktion interaktiv zusammenarbeiten?

Jean-Pierre Rasch

Bibliografische Information der Deutschen Nationalbibliothek:

Die Deutsche Nationalbibliothek verzeichnet diese Publikation in der Deutschen Nationalbibliografie; detaillierte bibliografische Daten sind im Internet über http://dnb.d-nb.de abrufbar.

ISBN: 9783346812995
Dieses Buch ist auch als E-Book erhältlich.

© GRIN Publishing GmbH
Nymphenburger Straße 86
80636 München

Druck und Bindung: Books on Demand GmbH, Norderstedt Germany
Gedruckt auf säurefreiem Papier aus verantwortungsvollen Quellen

Das vorliegende Werk wurde sorgfältig erarbeitet. Dennoch übernehmen Autoren und Verlag für die Richtigkeit von Angaben, Hinweisen, Links und Ratschlägen sowie eventuelle Druckfehler keine Haftung.

Das Buch bei GRIN: https://www.grin.com/document/1326128

Seminararbeit

Auf welche Weise und unter welchen Bedingungen können Menschen und KI in der Produktion interaktiv zusammenarbeiten?

Im Studiengang

Supply-Chain-Management

des Fachbereichs Wirtschaft

Kursbezeichnung:	Seminar: Künstliche Intelligenz und Gesellschaft
Bearbeitungszeitraum:	29.11.2022 - 16.01.2022
Vorgelegt von:	Jean-Pierre Rasch

Inhaltsverzeichnis

Abbildungsverzeichnis

Abkürzungsverzeichnis

AI	Artificial Intelligence
ANI	Artificial Narrow Intelligence
AGI	Artificial General Intelligence
BGB	Bürgerliches Gesetzbuch
DSGVO	Datenschutz-Grundverordnung
EU-Parlament	Europäische Parlament
GewO	Gewerbeverordnung
GG	Grundgesetz
HAI-MMI	Humanizing-Men-Machine-Interaction
KI	künstliche Intelligenz

1. Einleitung

1.1 Hinführung zum Thema

Die künstliche Intelligenz (KI) setzt sich in der industriellen Produktion von Unternehmen immer weiter durch und hat das Potenzial, Prozesse und Geschäftsmodelle zu optimieren. Von der Logistik bis hin zu Fertigungs- und Montageprozessen lassen sich KI-Anwendungen entlang des gesamten Wertstroms einsetzen. Mit der Begründung, dass Kompetenzen, Ressourcen und technische Attribute fehlen, halten sich zahlreiche Unternehmen bei der Einführung zurück. Jedoch wird bei genauerer Betrachtung deutlich, dass eine Vielzahl der Organisationen nicht wissen, wie sie KI-Projekte in der Unternehmenslandschaft etablieren können. Dies liegt zum einen an unbekannten datenintensiven Optimierungsansätzen (Frauenhofer, 2021). Zum anderen fehlt das Wissen, wie die menschengerechte Gestaltung der Interaktion mit KI-Systemen implementiert werden kann. Des Weiteren stellt sich in diesem Kontext die Frage, welche Handlungs- und Entscheidungsspielräume in der Zusammenarbeit von Menschen und Maschine erhalten bleiben und welche Veränderungen zu erwarten sind (Bamberg, S. 40, 2022).

Zu Beginn der Arbeit werden die theoretischen Grundlagen erklärt. In Kapitel 2 wird zunächst der Oberbegriff ‚KI' beschrieben und die Relevanz der Interaktion zwischen Mensch und Maschine geklärt, um ein genaueres Verständnis der Forschung zu ermöglichen. In Kapitel 3 werden aufbauend auf den Definitionen und deren Bedeutung die aktuellen Anwendungsbereiche der KI und der des Menschen in der Produktion ermittelt und erklärt. Außerdem wird ein Konzept zur Bewertung von Interaktionen vorgestellt. In Kapitel 4 werden gesetzliche Rahmenbedingungen und Haftungsausschlüsse geklärt und abschließend eine zusammenfassende sowie kritische Betrachtung der Interaktion zwischen Mensch und Maschine gewährt.

1.2 Zielsetzung

In der vorliegenden Arbeit wird im Rahmen einer systematischen Literaturrecherche die aktuelle Forschungslage im Bereich der KI und der Interaktion des Menschen untersucht. Außerdem wird das Thema auf derzeitige Produktionsbereiche bezogen. Durch die zuvor geschilderten Probleme und aufgrund des Forschungsmangels soll die Frage beantwortet werden, auf welche Weise und unter welchen Bedingungen Menschen und KI interaktiv zusammenarbeiten können. Deshalb werden in dieser Arbeit Anwendungsbereiche von Mensch und KI erfasst, die laut Literatur einen wesentlichen Einfluss bei der Interaktion und speziell in der Produktion haben. Hierbei wird die gegenwärtige Gesetzeslage beleuchtet und ein Einblick in datenschutzrechtliche Parameter gewährt. Außerdem wird die Frage geklärt, ob der Mensch oder die Maschine bei einer Schadensursache haftet. In der vorliegenden Arbeit wird das Ziel verfolgt, durch Beantwortung der Fragestellung einen Überblick über die gesetzlichen Rahmenbedingungen zu verschaffen und einen wirtschaftlichen Umgang zwischen der Mensch-Maschine-Interaktion aufzuzeigen.

2. Begriffsabgrenzungen

Zu Beginn der Arbeit werden die theoretischen Grundlagen erläutert. Dabei liegt der Fokus auf den Begriff der KI und das Verständnis der Bedeutung von Interaktionen zwischen Mensch und Maschine.

2.1 Künstliche Intelligenz

Im Gegensatz zu traditionellen Maschinen, die klar strukturierte Aufgaben übernehmen und nach einer Wenn-dann-Logik programmiert werden, treffen KI-gestützte Programme immer mehr autonome Entscheidungen, passen sich an neue Situationen an und lernen selbstständig aus Fehlern (Beck, S. 4, 2020). Der damalige Assistenzprofessor für Mathematik, John McCarthy, versuchte im Jahr 1956 mit zehn ausgewählten Forscher:innen herauszufinden, wie natürliche Sprachen in Maschinen implementiert werden könnten. Diese Forschung wurde am Dartmouth College in Hanover, New Hamphire, durchgeführt und trug den Namen ‚Artificial Intelligence` (AI), also ‚künstliche Intelligenz'. Das Forschungsprojekt sollte dabei ebenfalls die Abstraktion von Sprachen sowie die Begriffsbildung und Problemlösung beinhalten, die sonst nur dem Menschen vorbehalten sind (Buchkremer, S. 4, 2020). Durch Fortschritte im Bereich der statistischen Mustererkennung und lernenden Algorithmen hat die KI in den letzten Jahren bewiesen, dass sie dem Menschen in speziellen Anwendungsbereichen überlegen ist (Buchkremer, S. 171, 2020).

Laut Literatur wird die derzeit existierende KI auch als Artificial Narrow Intelligence (ANI) bezeichnet, da sie nur über Kompetenzen in einem Anwendungsbereich verfügt. Die nächste Entwicklungsstufe der ANI bildet die Artificial General Intelligence (AGI), die zukünftig menschenähnliche kognitive Fähigkeiten initiiert und durch die Technik von Quantencomputern erreicht wird (Cisek, S. 4, 2021). Aufgabe einer KI ist die Entwicklung von rational autonom agierenden Agenten, die ihre Umgebung durch Sensoren beeinflussen können. Außerdem wird im Kontext der KI von intelligenten Verhaltensweisen und adaptiven, lernfähigen Algorithmen gesprochen (Frauenhofer, 2021). Beispielsweise besiegte das neutrale Netzwerk AlphaGo im Jahr 2016 den weltbesten GO-Spieler Lee Sedol und auch im Texas Hold'em Poker wurden Siege gegen professionelle Spieler:innen durch KI-Algorithmen erzielt. Abseits der Spiele werden KI-Anwendungen im Bereich der Bild- und Texterkennung eingesetzt, zum Beispiel bei der Gesichtserkennung oder zur Erstellung von medizinischen Diagnosen. Komplexe Aufgaben sollen zukünftig in Form einer entscheidenden Assistenz von der KI übernommen werden, um kreativ, problemlösend und überwachend zu agieren. Somit lassen sich die steigende Komplexität und Unsicherheiten im Management bewältigen und werden interaktive, kooperative Entscheidungsmechanismen zwischen künstlicher und menschlicher Intelligenz ermöglicht (Buchkremer, S. 171, 2020).

2.2 Bedeutung der Interaktion zwischen menschlicher und künstlicher Intelligenz

Die interaktive Zusammenwirkung zwischen Mensch und KI wird als Bedien- und Kommunikations-prozess über eine Schnittstelle verstanden, in der die Aufgaben zwischen beiden Interaktionspar-teien aufgeteilt sind. In der Regel müssen Mitarbeiter:innen, die mit der KI interagieren, nicht verste-hen, wie die KI aufgebaut ist, um die Zusammenarbeit zu absolvieren. Dabei kann die KI bzw. Ma-schine grafisch-textuelle Elemente wie Fenster, Menüs, Dialogboxen oder Buttons annehmen und die Interaktion kann durch Maus, Touchscreen oder natürliche Sprache in geschriebener oder ge-sprochener Form erfolgen (Maaß, S. 528, 2020). Zusätzlich lassen sich Interaktionen über Gesten oder Augenbewegungen steuern. Diese können über Kameras identifiziert, bearbeitet sowie beurteilt werden und sind bereits in der Praxis verankert (Maaß, S. 529, 2020). Der Einsatz von KI-Systemen hat die Anforderungen an Mitarbeiter:innen bereits verändert. Die Neuerungen beziehen sich auf angepasste Beschreibungen, Tätigkeiten und Verantwortungsbereiche in Stellenprofilen. Da KI-Sys-teme schneller, effizienter und verlässlicher in automatisierten bzw. autonomen Verfahren arbeiten, bringen die Veränderungen auch den Wegfall von Tätigkeiten seitens des Menschen mit sich. Dies führt dazu, dass für Mitarbeiter:innen Arbeitsstellen wegfallen können, Teile der Aufgaben auf an-dere Bereiche umgelenkt oder mit anderen Bereichen fusioniert werden (Moring, S. 114, 2021).

Bei der Zusammenarbeit zwischen Mensch und Maschine muss ebenfalls die Leistungsvorausset-zung der Mitarbeiter:innen berücksichtigt werden. Die Überprüfung und Verantwortung von KI-Sys-temen gelingt jedoch nur, wenn Mitarbeiter:innen über die nötigen Kompetenzen und Qualifikationen verfügen, um Entscheidungen der KI nachvollziehen zu können (Bamberg, S. 44, 2022). Laut Meike Jipp und Jochen Steil variieren die Ergebnisse der Zusammenarbeit zwischen Mensch und KI deut-lich. Die Unterschiede lassen sich durch die verschiedenartigen kognitiven Leistungsfähigkeiten der Menschen erklären. Das bedeutet, dass die Komplexität der menschlichen Aufgabe zunehmen kann, wenn die Informationsverarbeitung und die Automatisierung der Entscheidungsfindung in glei-chem Maße ansteigen (Haux, S. 22, 2021).

3. Anwendungsbereiche von Mensch und KI in der Produktion

Im nächsten Abschnitt werden Anwendungsbereiche des Menschen und der KI in der Produktion aufgezeigt, um einen Einblick über den unternehmerischen Betrachtungshorizont zu geben.

3.1 Produktion

Industrieunternehmen sind aufgrund der Sicherstellung ihrer Wettbewerbsfähigkeit dazu gezwungen, neue Produkte in immer kürzer werdenden Abständen auf dem Markt anzubieten (Westkämper, S. 92, 2013). In den Produktionsbereichen der Lager-, Verpackungs-, Transport- sowie Kommissionierungsvorgänge werden vermehrt digitale Anwendungen wie Smartphone- oder Tablet-Apps eingesetzt, die Teilbereiche der KI wie maschinelles Lernen oder Spracherkennung umsetzen (Buchkremer, S. 156, 2020). Die Verwendung innovativer Informationstechnologien, die Vernetzung und der Betrieb von produkt- und produktionsbezogenen Prozessen, die strategische und operative Auswirkungen auf das Unternehmen haben, wird auch als ,digitale Produktion' bezeichnet (Westkämper, S. 92, 2013). KI-Anwendungen sind in zahlreichen Produktionsbereichen anwendbar und können zum Beispiel den Ausfall von Systemen und Maschinen vorhersagen oder Warenströme nach veränderter Kundennachfrage quantifizieren.

3.2 KI-Anwendungen in der Produktion

Laut Statista stellt der Fachkräftemangel eines der größten Geschäftsrisiken der Zukunft dar, wodurch es zahlreichen Unternehmen an qualifiziertem Personal fehlt. Dies betrifft auch die Produktion (Statista, 2022). KI kann dabei eine entscheidende Unterstützung bei der Bewältigung von komplexen Aufgaben sein. Zudem lässt KI kooperative Entscheidungsmechanismen in Bezug auf den Menschen zu (Buchkremer, S. 171, 2020). Abbildung 1 veranschaulicht mögliche Anwendungsbereiche in der Produktion.

Abb. 1 Anwendungsbereiche der KI in der Produktion

Anwendungsbereiche in der Produktion					
Instandhaltung	Logistik	Qualitäts-management	Digitale Assistenten	Produktions-steuerung	Robotik

Quelle: Eigene Darstellung in Anlehnung an Frauenhofer, 2021.

Die bedarfsgerechte Optimierung von Maschinen und Anlagen in Bezug auf ihre Wartungsintervalle, ebenfalls ,Instandhaltung' genannt, stellt in der Logistik eine wesentliche Herausforderung dar (Frauenhofer, 2021). Auch aufgrund des aktuellen Fachkräftemangels in Deutschland, benötigen Unternehmen informationsbasierte Unterstützung für Servicekräfte im Bereich der Instandhaltungsprozesse. Außerdem wird das Ziel der Instandhaltung, die Opportunitätskosten minimal zu halten, durch die schnelle Reaktionszeit über die Erkenntnis von auftretenden Problemen gelöst (Wanner, 2019). Mit der Methode der Predictive Maintenance wird die Wartung vorhergesagt, indem der Wartungszeitpunkt auf Basis der Abnutzung von beispielsweise Werkzeugen ermittelt wird. Ungeplante Stillstände auf den Fließbändern und der Ressourceneinsatz können mithilfe von Sensoren so geplant werden, dass Wartungstermine verringert werden können. Durch die konstante Überwachung von Prozessgrößen und der Anzahl an Maschinen können KI-Anwendungen die Systeme, Baugruppen und Teile erst dann austauschen lassen, wenn die Nutzungszeit tatsächlich abgelaufen ist. Die gewonnenen Daten werden für die virtuelle Abbildung des Maschinen- und Prozesszustandes verwendet. Auch wenn nicht alle Verschleißfälle bekannt sind, kann durch die Mustererkennung ein Komponentenausfall vorhergesagt werden (Frauenhofer, 2021).

Bei der Planung und Optimierung von dispositiven Maßnahmen unterstützen KI-Anwendungen Menschen in der Logistik. Zu diesen Aufgabenfeldern gehören die Lagerdisposition, bei der auf Basis von Trendprognosen Materialmengen bestimmt werden, kritische Lagerbestände, die durch Benachrichtigungssysteme angezeigt werden, sowie die Kommissionierung und der Warentransport. Letztere werden durch KI insoweit festgelegt, dass die Arbeitsprozesse der Kommissionierung durch maschinelle Verarbeitung natürlicher Sprache an die Mitarbeiter:innen weitergegeben werden. Durch die Interaktion über natürliche Sprachen ist es beispielsweise möglich, dass Mitarbeiter:innen freihändig arbeiten können. Beim zuvor erwähnten Warentransport werden hingegen Routen geplant und selbstständig durch fahrerlose Transportsysteme angepasst (Frauenhofer, 2021).

In Bezug auf das Qualitätsmanagement und die Qualitätskontrolle werden KI-Anwendungen von Unternehmen bevorzugt, um die Bild- und Bauteilqualitäten automatisiert kontrollieren und vorhersagen zu können. Dabei werden Produkte mithilfe von 2D- und 3D-Kameras auf Kratzer oder geometrische Eigenschaften überprüft. Die daraus gewonnenen Daten können von KI-Anwendungen verwendet werden, um Bearbeitungsparameter zu verändern und nachfolgend die Qualitätsziele zu erreichen (Frauenhofer, 2021). Beispielsweise nutzt der Daimler-Konzern eine KI-Anwendung namens Quality Live, wodurch in Echtzeit alle relevanten Qualitätsdaten per Smartphone oder Handheld an Mitarbeiter:innen übermittelt werden. KI generiert außerdem Methoden zur Prozessoptimierung (Mockenhaupt, S. 285, 2021).

Mitarbeiter:innen werden in Produktionsbereichen durch KI-basierte digitale Assistenzsysteme unterstützt, um Arbeitsaufgaben bei der Montage von variantenreichen Produkten zu fertigen (Frauenhofer, 2021). Durch das Erkennen und Übersetzen von Sprachen, tragen digitale Assistenzen zur Beschleunigung von Routinefunktionen bei (Friedl, 2022). Digitale Assistenzsysteme stellen für einzelne Prozessschritte die benötigten Informationen in der richtigen Menge zur Verfügung, wodurch die Flexibilität und Produktivität ebenfalls erhöht werden (Frauenhofer, 2021).

Durch die Produktionssteuerung wird eine hohe Qualität, Termintreue sowie eine optimale Kapazitätsauslastung ermöglicht. Damit Termine präzise angegeben und Störungen im Wertstrom vorhergesagt werden können, ist es bedeutsam, die Transparenz und die Auftragsfortschritte von Prozessen zu kennen. KI-Algorithmen werden von Unternehmen vermehrt eingesetzt, um eine hohe Verfügbarkeit und eine beschleunigte Datenverarbeitung zu ermöglichen (Frauenhofer, 2021).

Aktuelle KI-Anwendungen sind in der digitalen Welt angesiedelt und befassen sich mit Datenverarbeitung und Informationsbeschaffung. In der Produktion ermöglicht der Einsatz von Robotik die Bewegung von Gegenständen in der realen Welt (Mockenhaupt, S. 297, 2021). Der Einsatz von Industrierobotern im Unternehmen bedeutet jedoch einen entsprechenden Trainingsaufwand für Automatisierungslösungen. Bei wiederkehrenden Prozessen und hohen Stückzahlen rentieren sich der Aufwand und die Kosten. KI-Anwendungen können menschliche Bewegungen mit einer Kombination aus multidimensionaler Mustererkennung und Aktionsplanungsalgorithmen beinahe exakt nachahmen. Durch das Imitieren menschlicher Aktionen wie die zuverlässige Übergabe von Bauteilen sind erweiterte Formen einer Mensch-Roboter-Kollaboration möglich (Frauenhofer, 2021). Darüber hinaus hat der Einsatz von KI das Potenzial zur Innovationssteigerung und zur Prozess- und Ressourcenoptimierung. Letzteres betrifft vor allem die intelligente Materialiennutzung, die Reduktion des Energieverbrauchs und der Schadstoffemissionen sowie die Kontrolle und Bewertung unternehmerischer Nachhaltigkeitsbestrebungen (Frauenhofer, 2022).

3.3 Menschenzentrierte Anwendungen von KI in der Produktion

Mitarbeiter:innen müssen in Bezug auf die Digitalisierung sowohl eine deutliche Computeraffinität als auch entsprechende Internet-Selbstwirksamkeitserwartungen haben. Eine hohe Computeraffinität bedeutet eine hohe Motivation bei der Durchführung digitaler Arbeitsprozesse. Eine ausgeprägte Internet-Selbstwirksamkeitserwartung von Mitarbeiter:innen beinhaltet Zuversicht in den eigenen Umgang mit Internetanwendungen. Die beiden Attribute ‚Motivation' und ‚Vertrauen' der Mitarbeiter:innen sind Ressourcen, um mit neuen Herausforderungen am Arbeitsplatz umzugehen (Buchkremer, S. 158, 2020). In Abbildung 2 werden menschenzentrierte Anwendungen der KI in der Produktion visualisiert.

Abb. 2 Menschenzentrierte Anwendungen der KI in der Produktion

Menschenzentrierte Anwendungen			
Kernkonzepte	sozio-technische Systemgestaltung	Gestaltungsfelder menschenzentrierter KI	Grenzen von KI-Anwendungen

Quelle: Eigene Darstellung in Anlehnung an Frauenhofer, 2021.

Kernkonzepte dienen als Sammelbegriff für Maßnahmen und deren optimale Gestaltung von sozio-technischen Arbeitssystemen, Arbeitsabläufen und Arbeitsbedingungen. Für das Zusammenwirken von Menschen, Technik, Informationen und Unternehmen werden die Bedingungen der Kernkonzepte benötigt. Dabei sollten die Wirtschaftlichkeit sowie die menschlichen Fähigkeiten und Bedürfnisse nicht vernachlässigt werden. In diesem Sinne bezieht sich der Inhalt des menschengerechten Arbeitens auf die Arbeitstätigkeit, die die Gesundheit des arbeitenden Menschen nicht schädigt, seinen Bedürfnissen entspricht und die Einflussnahme auf Arbeitsbedingungen und -systeme sowie die Entwicklung der persönlichen Fähigkeiten fördert (Frauenhofer, 2021).

Um die betriebliche Wertschöpfung deutlich zu verbessern, soll die Entwicklung sozio-technischer Arbeitssysteme einen Beitrag leisten. Dabei bestehen zentrale Anforderungen im Hinblick auf KI-Anwendungen wie die Gestaltung vertrauenswürdiger KI-Systeme, die Menschen im sozialen Kontext verstehen und sich angemessen verhalten können. Dies setzt die Interaktion von Mensch und Maschine bei Lernprozessen, multimodale Wahrnehmungen und Modellierungen, lernförderlichen Mensch-Maschine-Interaktionen, gesellschaftlichen Orientierungen sowie rechtlichen und ethischen Grundlagen für KI-Systeme voraus (Frauenhofer, S. 24, 2021).

Neben ergonomischen und sicherheitstechnischen Aspekten werden auch Kriterien zum Schutz des Menschen, Kriterien der Vertrauenswürdigkeit, der Funktionsteilung von Mensch und Maschine sowie lernförderliche Arbeit bei der Konzeption von Anlagen, Arbeitsmitteln, Arbeitsplätzen und Arbeitsumgebungen benötigt. Beim Schutz des Menschen geht es um die Sicherheit des Einzelnen vor Risiken und negativen Folgen bei der Interaktion zwischen Mensch und Maschine. Außerdem sollte der Schutz des Menschen bereits in der Entwicklung berücksichtigt werden. Dazu gehören Sicherheit und Gesundheit, Datenschutz und verantwortungsbewusste Leistungserfassung sowie Vielfaltssensibilität und Diskriminierungsfreiheit (Huchler 2017). Dies kann beispielsweise durch Sicherheitssensorik oder trennende Einrichtungen für Kollisionsschutz gewährleistet werden. Im Gegenzug müssen Mitarbeiter:innen Steuerungs- und Überwachungsaufgaben zuverlässig erfüllen (Frauenhofer, 2021).

Die Internationale Organisation für Normung (ISO) beschreibt die Gebrauchstauglichkeit und deren KI-Anwendungen auf Situationen als Schlüsselfaktor für Vertrauenswürdigkeit. Dadurch sollen Produkte eine effektive, effiziente und zufriedenstellende Zielgröße erreichen (ISO, 2018). Damit Beschäftigte KI-Systemen vertrauen können, bedarf es der Qualität der verfügbaren Daten, Widerspruchsfreiheit, Erklärbarkeit, Verantwortung und Haftung. Durch die Qualität der Daten sollte beispielsweise unzureichendes Datenmaterial vermieden und verzerrten Datensätzen vorgebeugt werden. Widerspruchsfreiheit und Erklärbarkeit können zum Beispiel durch die Gestaltung lernender Systeme funktionieren, indem Zwecke, Zielsetzungen, Ergebnisse und Empfehlungen für Mitarbeiter:innen offengelegt werden, um Demotivation oder eine fehlende Auseinandersetzung mit KI-Systemen zu vermeiden. Verantwortung sowie Haftung kann z. B. über Transparenz der Beherrschbarkeit lernender Systeme generiert werden. Dazu gehört auch, welche Informationen, Ressourcen und Kompetenzen in ein KI-System integriert werden, damit Mensch und Maschine handlungsfähig sind (Huchler, 2017). Unter lernförderlichen Arbeitsbedingungen wird die Bedeutungszunahme menschlicher und erfahrungsbasierter Kompetenzen auf allen Unternehmensebenen verstanden. Elemente lernförderlicher Arbeitsbedingungen können beispielsweise Problemlösungsfähigkeiten, Kommunikation oder sensomotorische Fähigkeiten sein, bei denen situative Adaptionsfähigkeiten und körperliche Geschicklichkeiten gefordert sind (Frauenhofer, 2021).

3.4 Humanizing-Men-Machine-Interaction-Konzept als Reflexions- und Bewertungsinstrument

Das Humanizing-Men-Machine-Interaction-Konzept (HAI-MMI) dient als Hilfestellung zur Bewertung von Interaktionen zwischen Mensch und KI und unterliegt den drei Dimensionen ‚Qualität der Mensch-KI-Interaktion', ‚Kriterien für die Gestaltung der Mensch-Maschine-Interaktion bei KI' und ‚Ebenen der Folgenabschätzung' (Huchler, 2020). Auf dem Fundament dieser drei Dimensionen lässt sich die Interaktion zwischen Mensch und Maschine von ‚schlechter' über ‚mittlere' bis ‚hoher´ Qualität einordnen. Koordination, Arbeitsteilung, Lernen, Adaptivität und Empowerment dienen als Bewertungskriterien. Einflussfaktoren wie das Organisationsdesign, die Unternehmenskultur oder die jeweilige Führung fließen nicht in die Bewertung ein (Moring, S. 158, 2021).

Bei der zweiten Dimension werden die Kriterien für die Gestaltung der HAI-MMI bei KI betrachtet. Dazu gehört ein konkreter Kriterienkatalog, der von Vertreter:innen aus Organisationen, Forschung und Gewerkschaften bzw. Verbänden erstellt und vom Bundesministerium für Bildung und Forschung in Auftrag gegeben wurde. Er hat einen Umfang von vier Clustern mit insgesamt zwölf Kategorien. Im ersten Cluster wird der Schutz des Einzelnen behandelt sowie die Sicherheit und der Gesundheitsschutz, der Datenschutz und die verantwortungsbewusste Leistungserfassung und die Vielfaltssensibilität und Diskriminierungsfreiheit abgebildet (Huchler, 2020). Im zweiten Cluster wird die Vertrauenswürdigkeit thematisiert und die Qualität der vorliegenden Daten, Transparenz und Verantwortung, Haftung und Systemvertrauen einbezogen. Sinnvolle Arbeitsteilung wird im dritten Cluster tituliert und beinhaltet Entlastung und Unterstützung, Handlungsträgerschaft und Situationskontrolle sowie Fehlertoleranz und Individualisierbarkeit. Bei der Handlungsträgerschaft und Situationskontrolle geht es um neue Verhältnisse der Beschäftigten in Bezug auf KI-Anwendungen. Zudem wird auf neuartige Situationen Bezug genommen, in denen KI-Anwendungen selbstständig auf Mitarbeiter:innen zugehen oder diese zum Handeln auffordern und somit als eine Art Akteur auftreten. Das vierte Cluster umfasst die förderlichen Arbeitsbedingungen und wird in Handlungsräume und reichhaltige Arbeit, Lern- und Erfahrungsförderlichkeit sowie Kommunikation gegliedert (Huchler, 2020). Die dritte Dimension des HAI-MMI sind die Ebenen einer Folgenabschätzung. Zum einen können die Folgen für Mensch und Technologie in Bezug auf die Interaktion getrennt betrachtet werden. Zum anderen ist es aus Gründen des Arbeitszusammenhangs notwendig, das gesamte Arbeitsumfeld zu untersuchen. Mit dem HAI-MMI wird das Ziel verfolgt, einen nachhaltigen, menschenzentrierten und zukunftsorientierten Ausblick zu geben (Huchler, 2020).

4. Gesetzliche Rahmenbedingungen für die Zusammenarbeit zwischen Menschen und künstlicher Intelligenz

Im Folgenden Abschnitt werden die rechtlichen Rahmenbedingungen im Arbeitsverhältnis näher beleuchtet, um nachfolgend einen Gesamteindruck über die Interaktion zwischen Mensch und Maschine zu gewährleisten.

4.1 Delegation im Kontext von KI-Anwendungen

Nicht alle Herausforderungen moderner Technologien können durch rechtliche Verordnungen geregelt werden. So lässt sich durch das Recht weder gesellschaftliche Besorgnis verringern noch wirtschaftliche Strukturen reformieren. Jedoch kann das Gesetz verwerfliche Handlungen verbieten und Bedingungen für den Einsatz von Technologien vorgeben. Demnach sollte das Recht die absehbaren Risiken für die Fortentwicklung einschränken und Rechtssicherheit für Mitarbeiter:innen erzeugen (Beck, S. 7, 2020). In Art. 12 Abs. 1 Grundgesetz (GG) wird Arbeitgeber:innen die Unternehmensfreiheit ihrer Organisation gewährt. Damit wird ihnen das Recht eingeräumt, das Unternehmen nach den eigenen Visionen zu gestalten. Durch diese Unternehmensfreiheit dürfen Arbeitgeber:innen auch neue Technologien einsetzen, in diesem Fall KI. Die Besorgnis der Arbeitnehmer:innen, durch KI delegiert zu werden, bezieht sich dabei auf das einhergehende Freiheitsrisiko, d. h. den Wegfall des Diskurses mit menschlichen Arbeitgeber:innen (Knappertsbusch, S. 86, 2021). In einzelnen Unternehmen wie dem japanischen Elektronikkonzern Hitachi ist die Weisung von Arbeitsaufgaben an Mitarbeiter:innen durch eine KI bereits Realität. Dabei werden in den Logistikzentren von Hitachi Analysen der KI über menschliche Arbeitsabläufe vorgenommen, dynamische Wetterverhältnisse berücksichtigt und Nachfrageveränderungen beachtet. Weisungen stellen allerdings nur einen Teilbereich des Arbeitsverhältnisses dar. Entscheidungen über Boni, Urlaubstage, Leistungsbeurteilung, Diskriminierungsfreiheit, Personalauswahlentscheidungen, Kündigung oder Schichtpläne müssen beispielsweise für Mitarbeiter:innen getroffen werden, die von der KI vorbereitet oder voll automatisiert durchgeführt werden könnten. Im Zweifelsfall unterliegt den Arbeitgeber:innen auch bei Anwendungen von KI der gerichtlichen Kontrolle, ob die rechtlichen Vorgaben eingehalten wurden. Somit ist anhand der zuvor genannten Rahmenbedingungen, ob und wie eine KI im Arbeitsverhältnis gewinnbringend eingesetzt werden kann, nicht nur eine technische oder betriebswirtschaftliche, sondern ebenfalls eine juristische Frage (Knappertsbusch, S. 85, 2021).

Tätigkeiten von Mitarbeiter:innen werden in den meisten Arbeitsverträgen nur grob beschrieben. Dabei ist das Arbeitsverhältnis von zahlreichen Auswahl- und Abwägungsprozessen gezeichnet, die in Zukunft durch KI-Anwendungen gesteuert werden könnten (Knappertsbusch, S. 84, 2021). Mitarbeiter:innen befolgen zur konkreten Ausführung ihrer Aufgaben einzelne Weisungen. Laut § 106 S. 1 der Gewerbeverordnung (GewO) hat der Arbeitgeber das Recht, solche Weisungen zu erteilen. Weisungsrechte können an Dritte delegiert werden, z. B. an eine Führungskraft im Unternehmen, um diese ausüben zu lassen. Dabei hat der Weisungsgeber zu beachten, dass die berechtigten Interessen der Arbeitnehmer:innen und die jeweiligen Umstände des Einzelfalls zu berücksichtigen sind. Solange die Anordnung des Weisungsgebers nicht dem Umfang des billigen Ermessens[1] entspricht, kann diese nach § 315 Abs. 3 Bürgerliches Gesetzbuch (BGB) für Arbeitnehmer:innen als unverbindlich wirken (Knappertsbusch, S. 84, 2021). Das Verhältnis zwischen Mensch und Maschine ändert sich durch die Einführung autonomer Systeme jedoch wesentlich. Dies liegt daran, dass die KI selbst planen und entscheiden sowie sich autonom an neue Situationen anpassen kann, während der Mensch Gefahr läuft, zunehmend an Eigenständigkeit zu verlieren. Die Folge der Implementierung von KI-Systemen in der Unternehmenslandschaft kann zusätzlich zu einem Verlust der Kontrolle über die Arbeitsleistung von Mitarbeiter:innen führen (Hirsch-Kreisen, S. 109, 2019). Gleichzeitig sollte KI weder in ihrer Funktionalität eingeschränkt werden noch menschliche Tätigkeiten nachahmen, sondern es sollte danach gestrebt werden, wie Technik und Mensch gemeinsam in ihrer Entwicklung voranschreiten können (Huchler, 2020).

Ein zentraler Baustein im deutschen Arbeitsrecht bildet die Erkenntnis, dass der Grundsatz über menschliche Auswahl- und Abwägungsprozesse fehlt. Das menschliche Ermessen wird weder in § 106 S. 1 GewO noch in § 315 Abs. 3 BGB erwähnt. Die Implementierung der arbeitsrechtlichen Anforderungen, insbesondere des billigen Ermessens, kann durch technischen und juristischen Sachverstand in die KI einfließen. Aus technischer Sicht lassen sich gesetzliche Vorgaben wie das Gleichbehandlungsgesetz berücksichtigen. In juristischer Hinsicht müssen die von der KI produzierten Entscheidungen im Ergebnis gerichtlich auf ihre rechtliche Zulässigkeit hin überprüft werden. Ein Hindernis stellt dagegen Art. 22 Abs. 1 der Datenschutz-Grundverordnung der EU (DSGVO) dar (Knappertsbusch, S. 86, 2021). In der DSGVO (2018) wird Folgendes betont: „Die betroffene Person hat das Recht, nicht einer ausschließlich auf einer automatisierten Verarbeitung – einschließlich Profiling – beruhenden Entscheidung unterworfen zu werden, die ihr gegenüber rechtliche Wirkung entfaltet oder sie in ähnlicher Weise erheblich beeinträchtigt." Die einzige Ausnahme bildet Abs. 2, wonach die KI Weisungsbefugnisse ausüben darf, wenn beide Vertragsparteien einverstanden sind. Mit Blick auf Einzelfallentscheidungen seitens der KI im Arbeitsverhältnis hat sich die arbeitsgerichtliche Rechtsprechung bisher nicht befasst. Zum einen liegt das an der marginalen Verbreitung von KI in der Unternehmenslandschaft, zum anderen daran, dass automatisierte Entscheidungen eher im Finanzwesen etabliert sind, z. B. bei der automatischen Kreditvergabe (Knappertsbusch, S. 86, 2021). Jedoch ist zu erwähnen, dass in Art. 22 Abs. 1 DSGVO eine ausschließlich Weisung einer automatisierten Datenverarbeitung untersagt wird und keine Beeinträchtigung für Betroffene entfaltet werden darf. Jedoch könnte die Auswahl- und Abwägungsentscheidung von der KI lediglich vorbereitet und beispielsweise vom Arbeitgeber verkündet werden. Somit ist Art. 22 Abs. 1 DSVGO nicht haltbar (Knappertsbusch, S. 87, 2021). Außerdem ist das Verbot einer voll automatisierten KI-

---

[1] Der Begriff „billiges Ermessen' bedeutet, dass das Arbeitsverhältnis zwischen Arbeitgeber und Arbeitnehmer bei der Festlegung seiner Tätigkeit seinen Ermessensspielraum nur im Rahmen eines ausgewogenen Verhältnisses zwischen Leistung und Gegenleistung ausüben darf (Stickelbrock, 2002, S. 300 ff).

Weisung nach Art. 22 Abs. 1 DSGVO umstritten. Denn eine Weisung hat keine unmittelbare rechtliche Wirkung, da diese nur die bestehende Arbeitspflicht verdeutlicht und keine neue Leistungspflicht substanziiert. Eine arbeitsrechtliche Weisung zu verweigern, kann für Arbeitnehmer:innen zudem mit einer Pflichtverletzung und zusätzlich mit einer Abmahnung oder Kündigung angegangen werden (Knappertsbusch, S. 87, 2021). Auch könnte durch Art. 22 Abs. 2 DSGVO ein Ausnahmebestand für den KI-Einsatz von Art. 22 Abs. 1 DSGVO gerechtfertigt sein, da im zweiten Absatz automatisierte Einzelfallentscheidungen zulässig sind, solange diese zur Erfüllung des Vertrags erforderlich sind. Dadurch entstehen Wertungsspielräume, da eine ,Erforderlichkeit' von der Rechtsprechung bislang nicht genauer definiert wurde (Knappertsbusch, S. 87, 2021). Da KI-Systeme im Vergleich zum Menschen mit ihrer überlegenen Leistungsfähigkeit, Objektivität und Effizienz auftreten, wirkt die ,Erforderlichkeit' im Arbeitsverhältnis alles andere als fernliegend (Knappertsbusch, S. 87, 2021).

4.2 Haftungsbeschränkung

Die Haftungsfrage wird im Zusammenhang mit KI-Systemen kontrovers diskutiert (Mockenhaupt, S. 99, 2021). Denn wie jede andere Software sind KI-Systeme nicht fehlerfrei und Schäden somit nicht vermeidbar (Knappertsbusch, S. 95, 2021). Menschliches Versagen oder technische Störungen werden in Schadensfällen als Ursache angegeben und die fehlgeleitete sozio-technische Systemgestaltung als zugrundeliegender Auslöser missachtet (Hirsch-Kreinsen, S. 83, 2018). Nach Ansicht des Europäischen Parlaments (EU-Parlament) liegt die Verantwortung im derzeitigen Stadium beim Menschen und nicht bei der KI (Mockenhaupt, S. 100, 2021).

Laut Bundesministerium der Justiz wird in § 823 Abs. 1 BGB (o. J.) das Recht auf Haftung wie folgt betont: „Wer vorsätzlich oder fahrlässig das Leben, den Körper, die Gesundheit, die Freiheit, das Eigentum oder ein sonstiges Recht eines anderen widerrechtlich verletzt, ist dem anderen zum Ersatz des daraus entstehenden Schadens verpflichtet." Jedoch ist die Zuordnung, ob einzelne Verursachungsbeiträge bei der Anwendung von KI-Systemen involviert waren, schwierig bis nahezu unmöglich feststellbar. Wenn die Zuordnung dahingegen bewiesen werden kann, erfolgt eine Zurechnung auf den Menschen, da die Kausalität durch den Gebrauch eines Systems, das sich autonom weiterentwickelt, außer Kraft gesetzt ist (Knappertsbusch, S. 95, 2021). Der Nachweis eines nötigen vorsätzlichen oder fahrlässigen Verschuldens[2] gestaltet sich ebenfalls als schwierig. Durch die Überwachung, Wartung und Gefahrenabwehr einer KI-Anwendung kann eine Verkehrspflichtverletzung entstehen. Jedoch wird diese für Arbeitgeber:innen umso unwahrscheinlicher, desto undurchsichtiger und somit unvorhersehbarer das KI-System wird (Knappertsbusch, S. 96, 2021). Zukünftig soll laut EU-Parlament eine KI als elektronische Person eingeordnet werden, um die Frage nach der Rechtsnatur eindeutiger klären zu können (Mockenhaupt, S. 100, 2021).

---

[2] „Fahrlässig handelt, wer im Verkehr die erforderliche Sorgfalt außer Acht lässt" (§ 276 Abs. 2 BGB).

4.3 Weitere rechtliche Herausforderungen

Das Bundesministerium für Wirtschaft und Klimaschutz hat 2021 Folgendes betont: „Ethisches Verhalten ist zwischen Menschen zu verhandeln und kann nicht von ‚der Maschine' vorgegeben werden." Durch die zunehmende Weiterentwicklung von KI rücken ethische Faktoren wie Diskriminierung oder Kommunikation in den Vordergrund. Vorrangig sind Diskriminierungsverfahren durch KI-Einsätze im Bereich der Personalauswahl und -beurteilung sowie im Umgang mit Kunden möglich (Bamberg, S. 41, 2022). Letztlich soll spätestens die AGI (Kapitel 2.1) über kognitive Fähigkeiten verfügen und in absehbarer Zeit realisiert werden (Cisek, S. 4, 2019). Ethische Faktoren, die nicht notwendigerweise juristische Implikationen beinhalten, gewinnen daher zunehmend im Zusammenspiel zwischen Mensch und Maschine an Bedeutung (Bamberg, S. 41, 2022).

Ein wesentliches Problem stellt außerdem der Umgang mit Daten und Informationen dar, der in Bezug auf die Weiterentwicklung und Nutzung von KI einer rechtlichen Regulierung bedarf. KI-Anwendungen benötigen Daten und Informationen, um sich weiterzuentwickeln. Teilweise werden Daten vom Menschen hinzugeführt oder die Daten werden von der KI aus dem Internet beschafft. Bei Daten, die aus dem Internet bezogen werden, ist eine besondere Schutzwürdigung erforderlich. Diese Beschaffung geschieht auf unkomplizierte Weise und der Mensch wird ‚gläsern'. Hier ist der Schutz der Personen, auf die sich die Daten beziehen, bereits deutlich eingeschränkt. Dagegen ist der Schutz der Verfügungsberechtigten weiterhin ungeklärt (Beck, S. 9, 2020). Auch die Risikobewertung und -beschränkung ist ein weiterer Bereich, der durch das Recht begrenzt werden muss. Jede neue Technologie oder jedes neue Produkt birgt Gefahren für Unbeteiligte, die gegen die potenziellen Vorteile abgewogen und vom Gesetzgeber durch Zulassungs- bzw. Genehmigungserfordernisse bewilligt werden müssen. Insofern wäre es denkbar, verschiedene Kontrollinstanzen einzusetzen oder eine immer wieder erneuerbare Zulassung einzuführen, um KI nicht nur einmalig, sondern während ihrer Aktivität regelmäßig zu kontrollieren (Beck, S. 9, 2020).

5 Zusammenfassende Betrachtung der Ergebnisse

Wie bereits in Kapitel 3.1 erwähnt, werden KI-Anwendungen in der Produktion implementiert, um den Fachkräftemangel auszugleichen und Mitarbeiter:innen eine intelligente Hilfestellung bei der Bewältigung ihrer Aufgaben zu geben. Dabei wird beispielweise im Bereich der Instandhaltung die autonome Methode der Predictive Maintenance angewendet, um Wartungen vorherzusagen, indem der Wartungszeitpunkt auf Basis der Abnutzung ermittelt wird. Zudem werden in der Qualitätskontrolle und dem Qualitätsmanagement bereits vom Daimler-Konzern relevante Qualitätsdaten in Echtzeit an Mitarbeiter:innen an ihr tragbares Gerät übermittelt, um Qualitätsziele in der Produktion zu erreichen. Des Weiteren helfen KI-Anwendungen in der Produktionssteuerung, digitale Assistenten und Robotik den Beschäftigten, ihre Aufgaben im Sinne des Unternehmens zu absolvieren. Zusätzlich kann KI zur Steigerung der Innovation und zur Optimierung von Prozessen und Ressourcen eingesetzt werden, wobei die intelligente Materialiennutzung sowie die Reduktion des Energie- und Schadstoffverbrauchs zur Schonung von Materialien und zu Nachhaltigkeitszielen beitragen. Als Grundvoraussetzung für die Interaktion mit KI benötigen Mitarbeiter:innen, wie in Kapitel 3.2 dargestellt, Computeraffinität und Internet-Selbstwirksamkeitserwartungen. Mit diesen Grundvoraussetzungen werden die Motivation und das Vertrauen der Mitarbeiter:innen beschrieben, um mit neuen Herausforderungen am Arbeitsplatz umgehen zu können. Kernkonzepte werden für das Zusammenwirken von Menschen, Technik und Informationen benötigt, um die Gestaltung von Arbeitssystemen, Arbeitsabläufen und -bedingungen zu regeln. Zentrale Anforderungen bei sozio-technischen Arbeitssystemen bestehen bei autonomen Anwendungen auf vertrauenswürdige KI-Systeme, die Menschen im sozialen Kontext verstehen und sich angemessen verhalten. Auch der Schutz des Menschen (Kapitel 3.2) mit dem die Sicherheit des Einzelnen vor Risiken und negativen Folgen bei der Interaktion zwischen Mensch und Maschine bereits in der Entwicklung berücksichtigt werden sollte. Um den Schutz der Menschen ausreichend zu berücksichtigen, werden Sicherheit und Gesundheitsschutz, Datenschutz und verantwortungsbewusste Leistungserfassung sowie Vielfaltssensibilität und Diskriminierungsfreiheit erfasst. Hierbei wurde aufgezeigt, dass im Kontext der Produktion Sicherheitssensoren oder trennende Einrichtungen für Kollisionsschutz eingesetzt werden können, um den Schutz der Mitarbeiter:innen zu gewährleisten. Ein weiterer Faktor zur erfolgreichen Zusammenarbeit zwischen Mensch und Maschine bildet Vertrauenswürdigkeit, die durch die Qualität der verfügbaren Daten, Widerspruchsfreiheit sowie Erklärbarkeit und Verantwortung sowie Haftung generiert wird. Wenn Mitarbeiter:innen im Unternehmen aufgeklärt werden, zu welchem Zweck eine KI in der Produktion eingesetzt wird, welche Zielsetzungen, Ergebnisse und Empfehlungen erreicht werden sollen, führt dies zu einer Motivation und Auseinandersetzung der Beschäftigten mit KI-Systemen. Dabei sollte offengelegt werden, welche Informationen, Ressourcen und Kompetenzen ein KI-System beinhaltet, damit Mensch und Maschine handlungsfähig sind. Vom menschlichen Akteur wird darüber hinaus in Kapitel 3.2 die Zunahme menschlicher und erfahrungsbasierter Kompetenzen gefordert. Der Zuwachs an Kompetenzen wird als ‚lernförderliche Arbeitsbedingungen' bezeichnet und kann beispielsweise Problemlösungsfähigkeiten, Kommunikation oder sensomotorische Fähigkeiten betreffen. Um die Fähigkeiten einer KI und die des Menschen ohne Gefährdungen nutzen zu können, bedarf es, wie in Kapitel 4 beschrieben, einer Orientierung an rechtlichen Vorschriften des Gesetzgebers. Dabei wurde in Kapitel 4.1 zunächst die Delegation für eine erfolgreiche Zusammenarbeit erfasst. Hierbei wurde deutlich, dass Beschäftigte laut Arbeitsvertrag Weisungen von delegierenden Personen Folge zu leisten haben, dass aber in bestimmten Fällen auch die Anweisungen einer KI zu befolgen sind. Dies kann bei Anwendungen in der Produktion zu Problemen führen, da ethische Erkenntnisse wie Diskriminierungsschutz (Kapitel 4.2) für den Vorgang einer Weisung fehlen. Sollte dennoch der Fall eintreten, dass KI im Notfall Weisungen erteilt, können zumindest die in Kapitel 3.2 genannten Schlüsselfaktoren für Vertrauenswürdigkeit, Gebrauchstauglichkeit und deren KI-Anwendungen auf Situationen berücksichtigt werden. Außerdem fehlen zur Weisung eines autonomen Systems datenschutzrechtliche Gesetze. Eine delegierende KI, die selbstständig Informationen über Mitarbeiter:innen aus dem Internet beschafft (Kapitel 4.2), gefährdet zudem die Privatsphäre der Beschäftigten. Bei der Haftungsbeschränkung aus Kapitel 4.1, liegt die Verantwortung laut EU-Parlament beim Menschen und nicht bei der KI. Innerhalb Deutschlands wird das Gesetz der Haftung danach geklärt, welche Instanz den Schaden verursacht hat. Dies bei einer KI nachzuvollziehen ist jedoch beinahe unmöglich. Auch hier fehlen eindeutige Richtlinien des Gesetzgebers in Bezug auf Haftungsbeschränkung. Durch die zuvor genannten lückenhaften Gesetze lässt sich schließen, dass sich die Interaktion zwischen Mensch und Maschine durch die Delegation einer KI als schwierig erweist. Deshalb dient als Hilfestellung und Bewertung von Interaktionen zwischen Mensch und KI-System das HAI-MMI-Modell (Kapitel 3.3). Damit lassen sich Koordination, Arbeitsteilung, Lernen, Adaptivität und Empowerment von schlechter bis hoher Qualität einstufen. In einem weiteren Schritt folgt ein Kriterienkatalog, in dem die Oberbegriffe ‚Schutz des Einzelnen', ‚Vertrauenswürdigkeit', ‚sinnvolle Arbeitsteilung' sowie ‚förderliche Arbeitsbedingungen' eingeordnet werden. Zum Schluss werden die Bausteine zu einem Reflexions- und Bewertungsinstrument für die Interaktion zwischen Mensch und Maschine weiterentwickelt, um einen nachhaltigen, menschenzentrierten und zukunftsorientierten Ausblick zu gewähren und eine Hilfestellung zur Einschätzung optimaler Arbeitsgestaltung zu gewähren. Abschließend kann festgehalten werden, dass die aktuell vorherrschende ANI aus Kapitel 2.1 in ihrer unterstützenden Form eine Hilfestellung in der Produktion (Kapitel 3.1) ist und dort Prozesse optimiert. Dabei bietet der Einsatz von KI in digitaler Form oder in Form von Robotik eine Erleichterung für den Menschen. Im Hinblick auf die Interaktion zwischen Mensch und Maschine ist es bedeutsam, Vertrauen in die KI-Prozesse aufzubauen, indem Vorgänge (Kapitel 3.2) offengelegt werden und ein ausreichender Arbeitsschutz gewährleistet wird. Die Interaktion zwischen Mensch und Maschine stellt jedoch eine Herausforderung dar, sobald die Weisung durch autonome Systeme beginnt. Hier muss der Gesetzgeber bereits Verbesserungen vornehmen (Kapitel 4) und auch eindeutige Richtlinien im Bereich der Haftung, der Weisung und vor allem im Bereich der Ethik und des Datenschutzes formulieren, um die optimale Interaktion zwischen Mensch und Maschine zu ermöglichen.

6. Fazit

In der vorliegenden Arbeit wurden zuerst die theoretischen Grundlagen geklärt, indem der Begriff der KI erklärt und eine Einführung in das Verständnis der Bedeutung zwischen menschlichen und autonomen Systemen und deren Interaktion geschaffen wurde. Außerdem wurde ein kurzer Einblick in den Anwendungsbereich der Produktion gegeben, um den Betrachtungshorizont der Arbeit darzustellen. Zugleich wurde die menschenzentrierte Anforderung erläutert, die für Mitarbeiter:innen etabliert werden muss, um KI in der Produktion fachgerecht und im Zusammenspiel mit dem Menschen einsetzen zu können. Auch die Bewertung einer Interaktion zwischen Mensch und Maschine wurde in Form des HAI-MMI vorgestellt, um eine betriebliche Reflexion des Zusammenspiels zu ermöglichen. Daraufhin wurde anhand der aktuellen Gesetzesgrundlage aufgezeigt, wie die Verflechtung von autonomen Systemen und Beschäftigten innerhalb des Unternehmens praktiziert wird.

Es wurde deutlich, dass die Interaktion zwischen KI und Mensch in der Produktion als nötige Hilfestellung dient und dass beispielsweise einzelne Prozessschritte durch Vorhersagen bei der Wartungszeit in der Instandhaltung oder durch digitale Assistenzsysteme optimiert werden können. Mitarbeiter:innen sollten für eine erfolgreiche Zusammenarbeit mit KI Motivation und Vertrauen in digitale Anwendungen mitbringen und Arbeitgeber:innen sollten für ausreichend menschenzentrierte Anwendungen in der Produktion sorgen. Es zeigte sich, dass durch die uneinheitliche Gesetzgebung in Bezug auf die Weisungsbefugnis einer KI Probleme in den Bereichen der Haftung, Ethik und des Datenschutzes entstehen, die nicht eindeutig geklärt sind. Auf diese Entwicklungen muss der Gesetzgeber aktuell Antworten finden. Insbesondere ist zu diskutieren, in welchen Situationen Entscheidungen überhaupt auf eine KI übertragen werden dürfen, welche Korrelationen und Kategorisierungen zulässig und welche diskriminierend sind und ob Entscheidungen zwangsläufig auch kausal begründet werden müssen.

Dies verdeutlicht, dass der Einsatz von KI-Anwendungen gerade in Bezug auf den Fachkräftemangel eine Verbesserung in der Arbeitswelt mit sich bringt, jedoch ohne eindeutige Gesetzeslage insbesondere bei der Interaktion zwischen Mensch und Maschine risikobehaftet ist. Dieser Zustand stagniert solange sich die rechtlichen Rahmenbedingungen auf nationaler und internationaler Ebene noch in der Entwicklung befinden. Zudem wird zukünftig durch die Weiterentwicklung der ANI zu einer AGI, eine Sinneswahrnehmung der Maschine erwartet, wodurch auch ethische Entscheidungen und damit einhergehend auch Weisungen durch autonome Systeme erteilt werden können. Weisungen durch die zukünftige KI sollten jedoch nicht als Bedrohung, sondern durch zusätzliche Gesetze, als weitere Hilfestellung zur Optimierung der Interaktion zwischen Mensch und Maschine betrachtet werden . Produzierende Unternehmen sollten das Potenzial und die daraus entstehenden Chancen einer KI bereits jetzt nutzen und die Anwendungsmöglichkeiten eruieren, um sich einen Wettbewerbsvorteil zu erschließen.

Literaturverzeichnis

Bamberg, E. & Ducki, A. & Janneck, M. (2022). Digitale Arbeit gestalten (1. Aufl.). Springer.

Beck, S. (2020). Künstliche Intelligenz – ethische und rechtliche Herausforderungen (1. Aufl.). Springer.

Buchkremer, R. & Heupel, T. & Koch, O. (2020). Künstliche Intelligenz in Wirtschaft & Gesellschaft (1. Aufl.). Springer.

Bundesministerium für Wirtschaft und Klimaschutz (2021) Ethische Leitlinien für Künstliche Intelligenz. https://www.bmwk.de/Redaktion/DE/Schlaglichter-der-Wirtschaftspolitik/2021/09/11-ethische-leitlinien-fur-kunstliche-intelligenz.html

Cisek, G. (2021). Machtwechsel der Intelligenzen (1. Aufl.). Springer.

Frauenhofer IAO – Institut für Arbeitswirtschaft und Organisation (2021). Menschenzentrierte KI-Anwendungen in der Produktion. https://publica.fraunhofer.de/bitstreams/6c96750e-c770-4774-8416-0d7b4b32be47/download

Frauenhofer IAO – Institut für Arbeitswirtschaft und Organisation (2022). Nachhaltigkeit durch KI. https://publica-rest.fraunhofer.de/server/api/core/bitstreams/71d0cb7d-c18c-4c07-a07a-274a5094a62b/content

Friedl, G. (2022). Künstliche Intelligenz im Controlling. Controlling & Management Review: Zeitschrift für Controlling und Management, 63(4), 34-44. https://doi.org/10.15358/0935-0381-2019-5-35

Haux, R. & Gahl, K. & Jipp, M. & Kruse, R. & Richter, O. (2021). Zusammenwirken von natürlicher und künstlicher Intelligenz (1. Aufl.). Springer.

Hirsch-Kreinsen, H. & Karaĉić (2019). Autonome Systeme und Arbeit (1.Aufl.). transcript.

Huchler, N. (2017). Kriterien für die Mensch-Maschine-Interaktion bei KI. https://www.isf-muenchen.de/wp-content/uploads/2020/01/AG2_Whitepaper2_220620.pdf

Huchler, N. (2020). Die Mensch-Maschine-Interaktion bei Künstlicher Intelligenz im Sinne der Beschäftigten gestalten – Das HAI-MMI-Konzept und die Idee der Komplementarität. https://link-springer-com.pxz.iubh.de:8443/article/10.1007/s42354-020-0299-z

International Organization for Standardization (2018). ISO 9241-11:2018. https://www.iso.org/standard/63500.html

Knappertsbusch, I. & Gondlach, K. (2021). Arbeitswelt und KI 2030 (1. Aufl.). Springer.

Maaß, C. & Rink, I. (2020). Handbuch Barrierefreie Kommunikation (3. Aufl.). Frank & Timme.

Mockenhaupt, A. (2021). Digitalisierung und Künstliche Intelligenz in der Produktion (1. Aufl.). Springer.

Moring, A. (2021). KI im Job (1. Aufl.). Springer.

Statista (2022). Daten & Fakten zum Fachkräftemangel in Deutschland. https://de.statista.com/the
men/887/fachkraeftemangel/#topicOverview

Wanner, J. & Herm, L-V. Hartel, D. Janiesch, C. (2019). Verwendung binärer Datenwerte für eine
KI-gestützte Instandhaltung 4.0. *HMD Praxis der Wirtschaftsinformatik*, 56(6), 1268-1281.
https://doi.org/10.1365/s40702-019-00560-3

Westkämper, E. & Spath, D. & Constantinescu, C. & Lentes, J. (2013). Digitale Produktion
(1. Aufl.). Springer.